¡AL LORO! EN CASA

El estudio del cerebro de los niños y las niñas es fundamental para diseñar el aprendizaje. Gracias a las investigaciones de la neuroeducación, sabemos que este órgano se va modelando con las experiencias vividas en casa y en el colegio. El cerebro está preparado para adaptarse al aprendizaje de nuevas habilidades a todas las edades, pero en los primeros años se desarrollan las funciones cerebrales básicas y las familias necesitan herramientas prácticas para el acompañamiento de estos procesos.

La colección *¡Al loro!* estimulará las destrezas y la creatividad de los más pequeños de la casa. Cada cuaderno ofrece juegos etiquetados en las categorías que indican los pictogramas, así como adhesivos y papeles para recortar y completar algunas de las actividades propuestas.

¡Al loro y buen trabajo!

PICTOGRAMAS

PENSAMOS

TRAZAMOS

PEGAMOS

CONTAMOS

CREAMOS

PEGAMOS

En casa vivimos cinco personas: papá, mamá, la abuela, mi hermano y yo. Pega adhesivos del pelo, los sombreros y las gorras.

TRAZAMOS

A mi madre le gustan las camisas de topitos.
Estampa topos de colores en esta camisa.

PENSAMOS

A papá y a mi hermana les gusta mucho arreglar cosas en casa. ¿Qué herramienta falta en el dibujo de abajo?

CREAMOS

Bobby vigila la casa muy bien.
Rasga papeles y pégalos siguiendo el modelo.

¡Guau!
¡Guau!

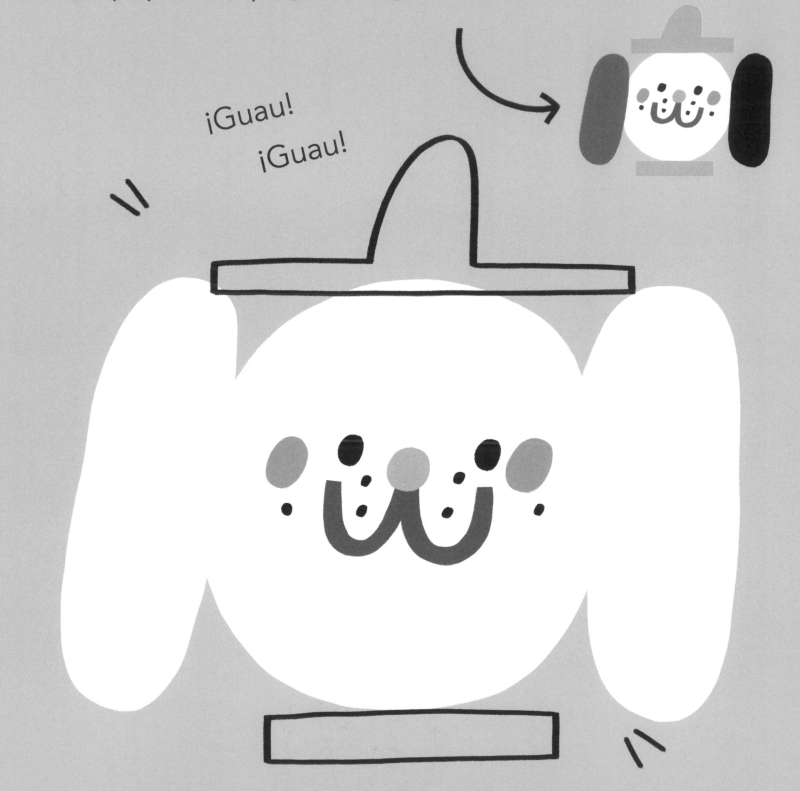

CONTAMOS

Cuenta hasta 5 con los dedos. Después escribe
los números repasando las líneas.

1 UNO

2 DOS

3 TRES

4 CUATRO

5 CINCO

CREAMOS

Estos son mis vecinos.

Ahora, dibuja aquí a tus vecinos.

TRAZAMOS Y CREAMOS

Mi tío tiene una gran barba rizada. ¡Yo también quiero una igual! Pinta esta cara y dibújale la barba.

PENSAMOS

Ordena estas cuatro acciones usando números.

PENSAMOS

Cada día, antes de acostarnos, lo ordenamos todo. Aquí hay cuatro cosas que no están en su sitio. ¿Las encuentras?

PENSAMOS Y CREAMOS

Pinta solo lo que puedes ponerte en los pies.

PEGAMOS

¡Hay que tender la ropa! Pega los adhesivos.

CONTAMOS

¿Cuáles son los pantalones más grandes?
¿Y los más pequeños? ¿Cuántas camisetas hay?
Escribe el número.

CREAMOS

¡Vamos a estampar un vestido de fiesta para Valentina! Rasga trozos de papel de colores y pégalos como más te guste.

PEGAMOS

Pega adhesivos de alimentos en el plato para preparar un desayuno bien rico.

PENSAMOS

Rodea los elementos relacionados con la cocina.

TRAZAMOS Y PENSAMOS

Sigue los espaguetis con un dedo. También puedes colorearlos. ¿Hay algún espagueti que no llegue al plato?

PEGAMOS Y CREAMOS

Pega los adhesivos de las frutas y las verduras donde corresponda. Colorea los demás objetos.

TRAZAMOS

Completa la sandía dibujando semillas negras.

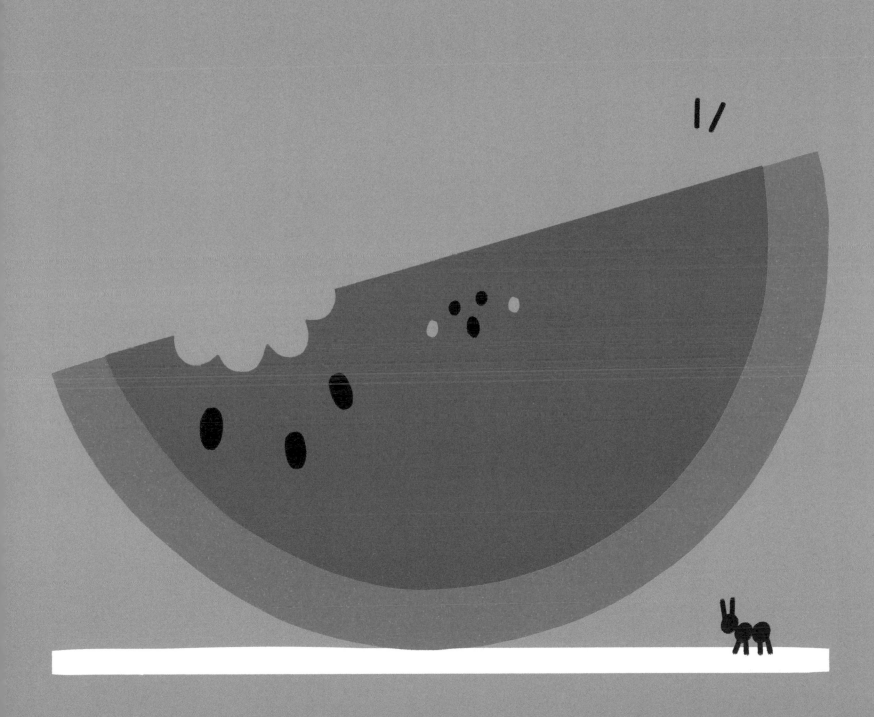

CONTAMOS

¿Cuántos objetos hay de cada tipo?
Marca las casillas correspondientes.

CREAMOS

¡Hoy hay fiesta en casa! Recorta o rasga papeles rectangulares para hacer más guirnaldas.

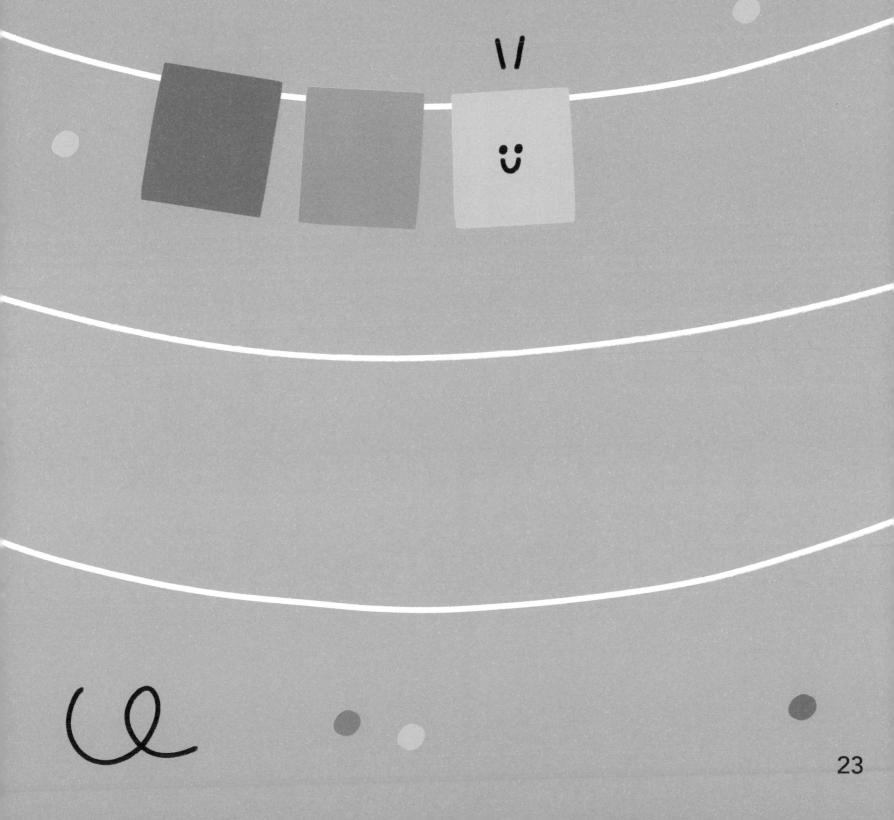

PENSAMOS Y CONTAMOS

Rodea los elementos necesarios para la fiesta.
Después, rodea de nuevo los objetos rojos.

¿Cuántos objetos de fiesta son rojos?

1   2   3   4

CREAMOS

¡Mi familia y yo hemos hecho caramelos!
Recorta papeles redondos y pégalos en los palos.

PENSAMOS

¡Cuántos amigos han venido a mi fiesta! Rodea:
la niña con una trenza rubia, el niño que baila,
el niño que come uvas y dos hermanos cogidos
de las manos.

CREAMOS

¡Esta es mi tarta de cumpleaños! Recorta o rasga trozos de manzana para completarla.

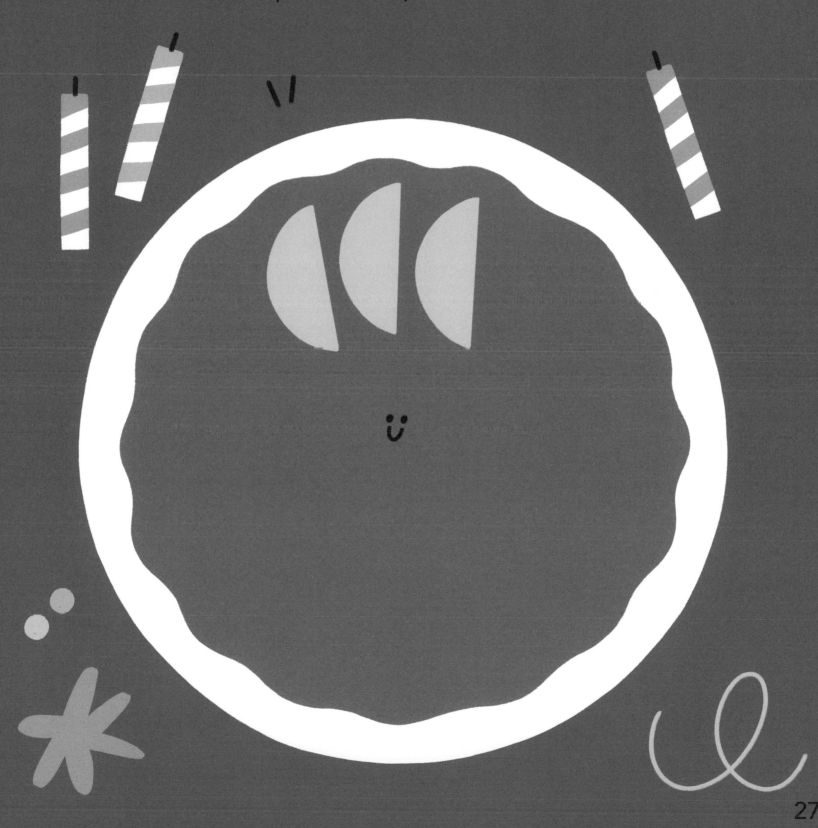

PEGAMOS Y PENSAMOS

¡Me han regalado muchas cosas! Pega todos los paquetes e imagina lo que serán.

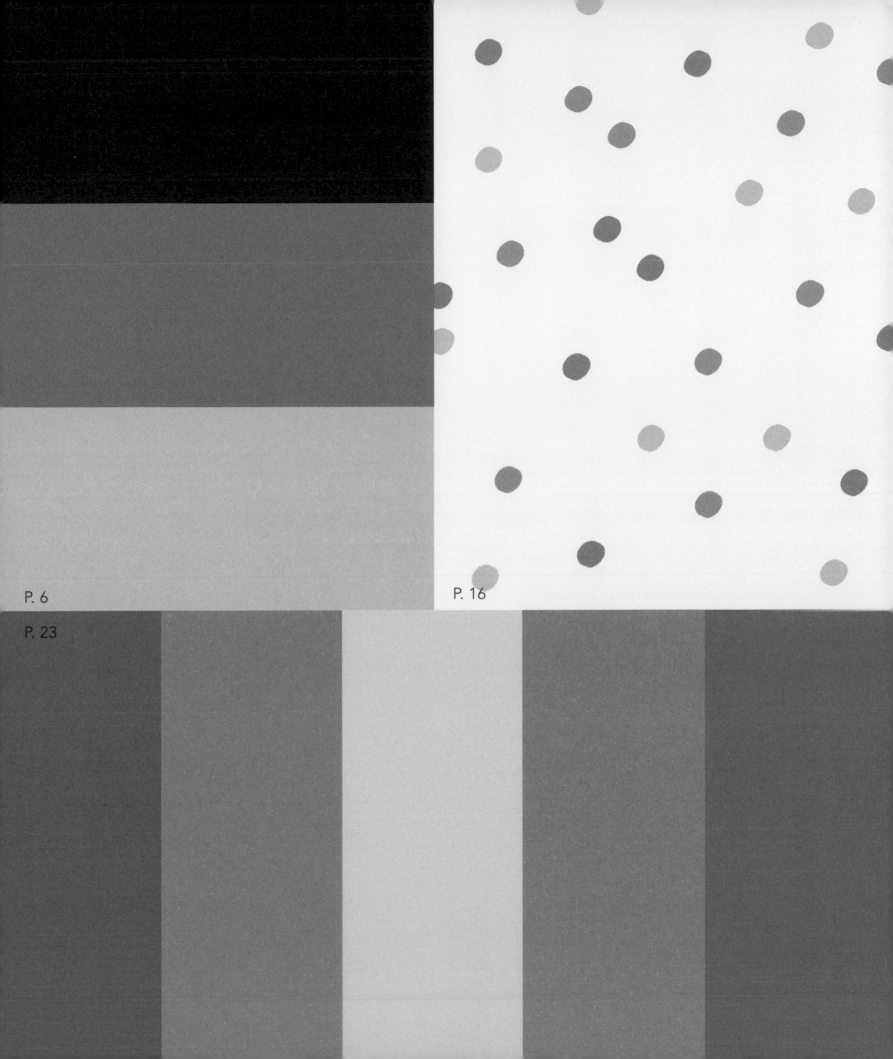

P. 25